CCSS **Género** Cuento folclórico

Pregunta esencial
¿Qué pueden hacer los animales con su cuerpo?

Pequeño pero listo

Versión de Benjamín Rossi
ilustrado por Natalia Vasques

LECTURA COMPLEMENTARIA Animales de todo tipo 13

Hace mucho tiempo había un río formidable. A los animales les encantaba beber en él.

Un día, el toro se puso a beber. Bebió y bebió sin parar.

Dos carpinchos miraban.

—¿Qué se trae el toro? ¡Se va a beber toda el agua! —dijeron, muy asustados.

Tres ratones también miraban.

—¡Que nos deje un poco de agua! —dijeron.

Ocho peces se asomaron.

—¿Y ahora qué? ¡No podemos vivir sin agua! —dijeron.

Los peces llamaron urgente a los carpinchos.

—Por favor —pidieron los peces—, ¡echen al toro!

—Aunque queramos, no podemos. ¡Es enorme! —dijeron los carpinchos.

—Yo puedo ayudarlos —dijo un mosquito.

—¡Eres muy chiquito para echar al toro de aquí! —dijeron los animales entre risas.

—¿Les muestro cómo? —dijo el mosquito.

—¡Sí! —dijeron los animales.

El mosquito se posó encima del toro. Esperó unos minutos y lo picó en la pata de atrás. El toro pateó el suelo. Entonces, el mosquito lo picó una vez más. El toro pateó tan fuerte que el suelo se abrió. El toro se asustó tanto que se fue corriendo y nunca volvió.

El mosquito estaba orgulloso.

—El chiquito puede más que el grande si es más listo —dijo.

Los animales saltaban contentos.

Respuesta a la lectura

Volver a contar

Vuelve a contar *Pequeño pero listo,* en orden, con tus propias palabras.

Evidencia en el texto

1. ¿Qué animales hablan primero? **Orden de los sucesos**

2. ¿Qué pasó después de que el mosquito picó al toro una vez más? **Orden de los sucesos**

3. ¿Cómo sabes que *Pequeño pero listo* es un cuento folclórico? **Género**

CCSS **Género** **No ficción**

Compara los textos

Lee más sobre estos animales.

Animales de todo tipo

©Jami Tarris/Corbis

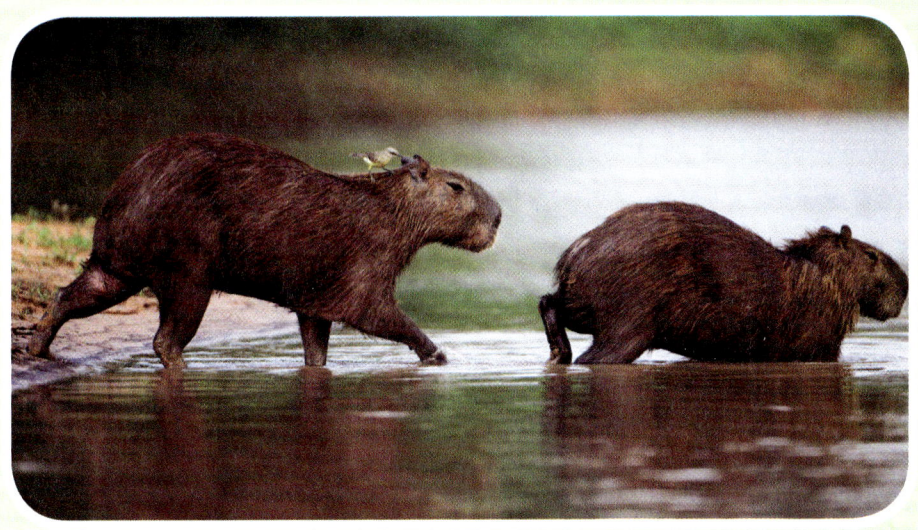

¿Qué animal vuela? ¿Qué animal nada? Lee la tabla para ver cómo son y qué hacen estos animales.

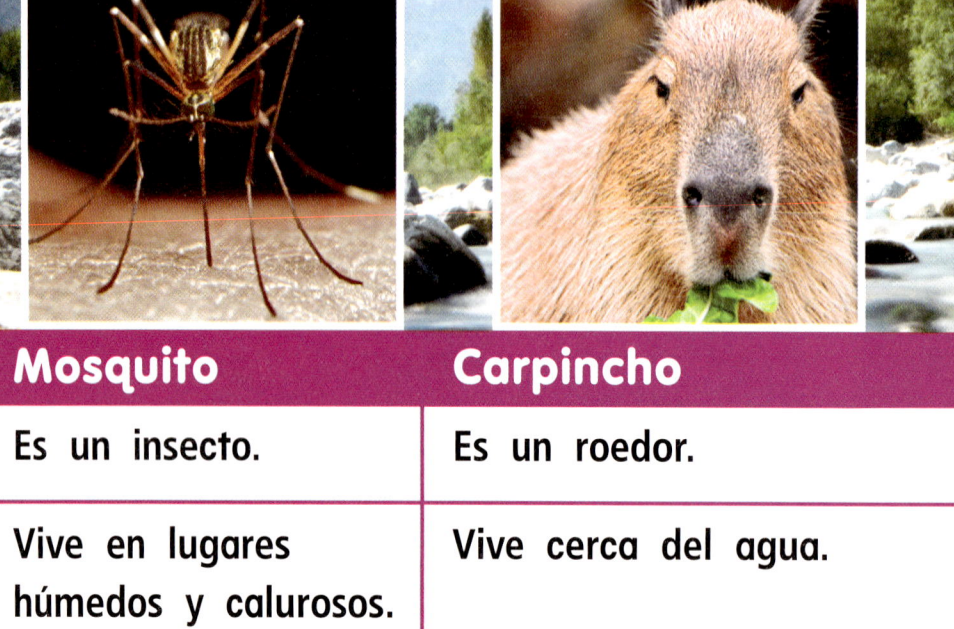

Mosquito	Carpincho
Es un insecto.	Es un roedor.
Vive en lugares húmedos y calurosos.	Vive cerca del agua.
Pica a animales más grandes.	Come plantas.
Vuela lentamente.	Camina, corre y nada.

(bkgd)Adrian Assalve/Vetta/Getty Images, (l)Paul Bertner/Flickr/Getty Images, (r)Picture by Tambako the Jaguar/Flickr/Getty Images

Pez	Toro
Pone huevos.	Es un mamífero.
Vive en el agua.	Vive en el campo.
Come insectos.	Come hierba.
Nada rápidamente.	Camina y corre.

Haz conexiones

Mira ambas lecturas. ¿Qué cosas nuevas aprendiste?

El texto y otros textos

15

Enfoque: Género

Cuento folclórico Un cuento folclórico es una historia inventada, basada en costumbres y tradiciones. A menudo nos deja una enseñanza o moraleja.

Lee y descubre El mosquito dice: "El chiquito puede más que el grande si es más listo". El mosquito nos deja una enseñanza. Los animales del cuento hablan, los animales reales no hablan.

Tu turno

Inventa un cuento en el que un animal nos deje una enseñanza. Muestra tu cuento a la clase.